AF359923

NOTICE BIOGRAPHIQUE

SUR

JOSEPH GRANDVAL

JOSEPH GRANDVAL

Né à Ajaccio le 10 Novembre 1798

NOTICE BIOGRAPHIQUE

SUR

JOSEPH GRANDVAL

ANCIEN INDUSTRIEL

BIENFAITEUR DE LA VILLE D'AJACCIO

PAR

M. LOUIS CAMPI

CONSEILLER MUNICIPAL.

AJACCIO

IMPRIMERIE JOSEPH POMPEANI.

—

1879

Il y a quatre mois, le 10 novembre dernier, la Commission administrative de l'hospice civil d'Ajaccio procédait à l'inauguration du modeste monument destiné à perpétuer le souvenir de feu Joseph Grandval, qui avait été la providence de l'établissement. Ce généreux citoyen, excellent chimiste, s'était fait une réputation européenne comme raffineur de sucre. Doué d'une rare intuition commerciale, il acquit par ses connaissances spéciales et un rude labeur une fortune immense dans l'industrie, ce vaste et libre champ de l'intelligence humaine. Quoique chargé de famille, il a fait un noble usage de ses richesses en secourant les malheureux de son pays, et la reconnaissance publique a donné son nom à l'un des boulevards d'Ajaccio, sa ville natale. Cependant, ce nom qui occupe parmi les bienfaiteurs de la Corse le premier rang après le cardinal Fesch, est peu connu dans l'intérieur de l'île ; et, à cette heure où beaucoup de nos personnages secondaires ont leur histoire particulière, Grandval qui a honoré sa patrie en honorant l'industrie française, Grandval le bienfaiteur de l'humanité, attend encore son biographe. Nous avons voulu combler cette lacune, heureux de contribuer, pour notre part, à payer la dette de gratitude qu'Ajaccio a contractée envers un de ses plus dignes enfants. A cet effet, nous avons puisé dans les archives communales et hospitalières tous les renseignements se rapportant aux donations publiques faites par Joseph Grandval. Quant à ceux relatifs à sa vie industrielle et à ses actes de bienfaisance privés, nous les devons à l'obligeance du capitaine Ange Campi, brave soldat en son temps, aujourd'hui vieillard aimable de 94 ans, lequel fut l'intercesseur des pauvres auprès de Grandval dont il était l'ami et le confident.

En essayant de retracer cette existence riche en bonnes œuvres, nous ne pouvions taire le nom du vieux guerrier qui les avait inspirées. Et si jamais la ville d'Ajaccio élève une statue au philanthrope sorti de son sein, l'image du miséricordieux capitaine lui désignant les malheureux qu'il faut secourir, mériterait certainement d'être reproduite sur l'un des bas-reliefs du piédestal.

L. CAMPI.

Ajaccio, le 10 mars 1879.

JOSEPH GRANDVAL

Rien n'égale la gloire de la bienfaisance...
J'estime que la noblesse la plus haute est
celle qui consiste à soulager ceux qui souf-
frent, a assister les malades et tous ceux qui
ont besoin de secours.

A. Piccioni. — *Hospice St-Nicolas*, p. XIV.

GRANDVAL (Joseph-Antoine), l'un des plus grands industriels de notre temps, ancien conseiller général des Bouches-du-
Rhône, ancien président du Conseil des prud'hommes de
Marseille, officier de la Légion d'honneur, était le second fils
de Gaspard-Paul Grandval, officier de santé en chef de l'hôpital militaire d'Ajaccio, et de Marie-Nicolette Susini. Il naquit
à Ajaccio le 20 brumaire an VII (10 novembre 1798). (1)
Après avoir suivi l'école des Frères de la Doctrine chrétienne
qui venaient d'être établis dans sa ville natale, il dut à la pro-
tection du cardinal Fesch dont il était le filleul, d'entrer, en
1811, au séminaire de Rheims. Cet intérêt du prélat pour le
jeune Joseph, provenait des excellentes relations qui existaient
entre Grandval père et la famille Fesch, à laquelle il donnait
ses soins comme médecin. Le futur raffineur était donc destiné
à recevoir les ordres ; et, bien que cette vocation n'entrât
nullement dans ses goûts, il étudia avec zèle et ne se montra
pas indigne des faveurs de son puissant protecteur. Il achevait
son cours de théologie, lorsque éclatèrent les événements de

(1) Note A.

1815 qui emportèrent l'Empire et ses grands dignitaires. Joseph rentra alors à Ajaccio, auprès de ses parents, libre d'embrasser une autre carrière. Mais l'horizon de cette ville était trop restreint pour le développement de ses brillantes facultés : l'air embaumé de ses rivages ne pouvait qu'attiédir l'ardeur de celui qui aspirait à se faire un nom au milieu du mouvement et de la poussière des usines. Aussi, son père étant mort dans cet intervalle, Jean, (1) son frère aîné, qui avait exercé l'emploi d'aide-major sous la direction paternelle, s'empressa-t-il de l'envoyer à Toulon pour apprendre la pharmacie. Elève laborieux, Joseph s'y livra à l'étude des sciences physiques dont l'application à l'industrie devait plus tard lui ouvrir le chemin de la fortune. Néanmoins l'art de composer les médicaments lui souriait si peu, qu'au bout d'un an il quittait Toulon pour Marseille, léger d'argent mais ambitieux et déjà riche de connaissances. Comme on l'a prétendu, laissa-t-il apercevoir dès cette époque des lueurs de son avenir ? Nous ne saurions l'affirmer, et, pour notre part, nous ne croyons guère à ces signes merveilleux que la plupart du temps on découvre après coup. Ce qui est plus certain, c'est qu'il avait une grande confiance dans son étoile. Il aimait à rappeler à ce sujet le fait suivant, qui remontait à 1818 ; écoutons-le : « Lors de mon arrivée à Marseille, je fus obligé, pour vivre, de me placer comme apprenti chez un pharmacien. Il y avait alors en garnison dans cette ville deux officiers corses que je fréquentais parfois. Quoique dépourvus d'instruction, ils étaient arrivés à l'épaulette par leur conduite et leur courage. Moi qui avais fait mes classes et qui me trouvais sans position, je les considérais comme les plus

(1) Note B.

heureux des hommes ; j'enviais leur sort. Un jour, sur l'assurance de l'un d'eux que je parviendrais aussi en m'engageant, j'allai trouver le général commandant la 9e division militaire avec l'intention de me faire soldat. Par un heureux hasard, cet officier général avait connu mon père à l'armée. Il me dissuada de mon projet avec un ton si convaincu, que je n'insistai pas et considérai son conseil, de me destiner plutôt au commerce, comme une révélation de mon avenir. C'est pourquoi, d'indécis que j'étais d'abord, je tournai irrévocablement mes vues du côté de l'industrie commerciale. » Grandval débuta donc par être employé de pharmacie à Marseille. Dans ses moments de loisir il parcourait la ville, cherchant à mieux utiliser ses aptitudes et à se créer une position plus sortable. S'étant aperçu qu'on jette à la mer les *écumes* provenant de la cassonade, il analyse ces résidus et acquiert la conviction qu'on peut en tirer parti pour la fabrication des sirops. Aussitôt il communique sa découverte à un certain Delessant, marchand de conserves alimentaires, qui avait eu souvent recours à ses lumières, et lui propose de s'associer à son idée. L'association est convenue ; Grandval doit y apporter son travail, Delessant s'engage à fournir les fonds. Ce fut un chaudronnier nommé Murgue qui fabriqua, d'après les indications de Grandval, tous les appareils nécessaires à la distillerie. Une fois à l'œuvre, l'auteur de la découverte ne s'épargna plus. Pendant la nuit, il faisait mystérieusement ramasser les écumes ; pendant le jour, il les travaillait. Certes si un projet méritait d'être couronné par le succès, c'était assurément celui de ces deux hommes courageux et intelligents, mettant les premiers en pratique une idée qui depuis a fait son chemin. Cependant, malgré leurs efforts, la fabrique ne tint que deux ans : les ressources limitées de la société ne

purent triompher de rivaux opérant sur des matières premières de meilleur aloi, et disposant de forts capitaux.
Grandval ne se découragea point pour cela. Après bien des
vicissitudes, bien des déceptions, nous le voyons, en 1827,
diriger une minoterie, ayant pour associé un meunier appelé
Gérard qui, par la suite, eut de grands intérêts dans ses
raffineries. Cette exploitation ayant rapporté quelques béné-
fices, les deux associés prirent à bail une fabrique de noir
animal qui se trouvait en vente par cessation de commerce.
Cette phase de la vie de Grandval démontre ce que peuvent
l'activité et l'entente des affaires commerciales. Grâce à son
travail opiniâtre et aux perfectionnements qu'il introduisit
dans la fabrication, la société prospéra rapidement. La confiance de Gérard pour Grandval ne fit que grandir. Voici à
cet égard un trait insignifiant en apparence, mais au fond
très-caractéristique : c'est que Gérard, quoique plus âgé de 18
ans que son ami, rendait pourtant hommage à sa supériorité en
ne l'appelant que *Monsieur Grandval*. Par contre, celui-ci n'usait
jamais de son ascendant que dans l'intérêt commun. C'est
ainsi qu'en 1829 une raffinerie étant en vente, Grandval
persuada à Gérard qu'il convenait de l'acheter. Il y avait là
toutes les apparences d'une bonne affaire : leur fabrique de
noir, produisant dans des conditions exceptionnelles cet agent
puissant de l'épuration des sucres, ne pouvait que gagner par
l'annexe d'une raffinerie. Gérard consentit donc volontiers à
cette acquisition, mais où trouver 300,000 francs pour la
réaliser, et puis comment approvisionner et faire marcher la
nouvelle usine. Grandval se charge de tout. Il s'adresse à
M. Leuron, le plus riche banquier de Marseille à cette époque,
lui expose ses besoins et lui déclare franchement qu'il n'a
d'autre caution à lui donner que son travail et la présentation

de son livre de comptes tous les soirs. Le financier qui connaissait l'aptitude et l'honorabilité du fabricant, lui accorda ce qu'il demandait. Grâce à ce secours quasi - providentiel , Grandval et Gérard faisaient marcher, en 1830, 5 raffineries et la fabrique de noir. Toutefois leurs produits ne pouvaient supporter la comparaison avec ceux de Nantes et de Paris. Grandval n'en aspire pas moins à devenir le maître du marché. Dans ce but il se rend successivement à Londres et à Amsterdam, pour trouver un contre-maître capable de le seconder dans la lutte qu'il va entreprendre contre ses concurrents du Nord. Son voyage ayant obtenu un plein succès, ses sucres acquirent bientôt une supériorité incontestée. Une chose pourtant le tracassait : le local de la fabrique, composé de vieux immeubles disséminés, était devenu insuffisant. C'est pourquoi, après s'être associé avec deux riches négociants d'Amérique, il établit sa raffinerie près du port de la Joliette où elle va atteindre le plus haut degré de prospérité.

L'infatigable industriel croyait être parvenu au terme de ses désirs, lorsqu'en 1839 le marquis d'Argenson voulut fonder aussi une raffinerie à Marseille. Grandval ne se dissimulait pas que l'industrie du raffinage des sucres ne traversât alors un temps d'exception : si la baisse venait, il faudrait, peut-être, perdre beaucoup. Inspiré par son génie commercial, au lieu de combattre ce nouveau rival dont l'existence lui semblait problématique, il lui offrit ses usines à bail. La passation de l'acte ayant eu lieu, le bailleur devint banquier. Un an après d'Argenson fait faillite ; Grandval reprend aussitôt sa raffinerie, mais cette fois c'est pour réaliser le projet qu'il nourrissait depuis longtemps et qui avait été le rêve de sa vie, c'est-à-dire de créer un établissement unique au monde. A cet effet, il complète les perfectionnements dont la fabrication des sucres lui paraît encore susceptible. Ses notions chimiques jointes à sa vieille expérience le servent à souhait. Novateur dans la pratique de ses procédés, il conquit successivement les améliorations qu'il avait poursuivies. Sous sa vigoureuse et intelligente impulsion l'art du raffinage prit un essor jusqu'alors inconnu. Il appliqua avec succès l'opération du *clairçage* en vue d'abréger l'évaporation du sucre, qui avait lieu en le terrant. Il obtint ensuite un degré supérieur de cristallisation et d'épuration, rendit la matière concrète ou légère, et finit par l'assortir à la diversité des latitudes. La pureté qu'il recherchait dans ses produits, les expériences auxquelles il s'était livré dans ce but, n'ont pas peu contribué aux progrès de la *saccharimètrie*, surtout en ce qui concerne le procédé optique que les découvertes ultérieures ont conduit à la perfection. Il apporta également d'utiles modifications dans les autres opérations, telles que la *casse*, la *purge* des pains, etc ; enfin il perfectionna le matériel et l'ameublement industriels. Avec ces éléments de succès, Grandval put livrer au commerce des produits de première qualité, préférables à ceux des fabricants de Nantes, Paris, le Hâvre et Bordeaux, qui avaient joui jusqu'alors du monopole des raffinés.

Ces services rendus à l'industrie, ces efforts persévérants qui tendaient au développement de la richesse nationale, furent justement récompensés par la croix de la Légion d'honneur, le 4 octobre 1852. Au moment où Grandval recevait cette marque de distinction, son établissement, qui s'était encore agrandi en raison de la puissance de production, venait d'atteindre ses dernières limites. Il occupait 1500 ouvriers et se composait : 1° de la raffinerie proprement dite, située au

boulevard des Dames et sur la rue de la Joliette ; 2° d'une
fabrique de noir sise au boulevard National ; 3° d'une usine
pour la distillerie des mélasses, située au quartier des Crottes.
L'ensemble de ces immeubles avec leurs dépendances, d'une
superficie totale de 18,000 mètres carrés, représentait une
valeur de 7 millions. Chaque année cinq bâtiments approvi-
sionnaient de matières premières les vastes magasins de la
raffinerie, qui produisait journellement 120,000 kilogrammes de sucre ou 15,000 pains, c'est-à-dire fondant annuellement plus de 40 millions de kilogrammes. Enfin la situation
commerciale de Grandval dominait le marché français et
défiait toute concurrence.

Son succès avait été lent et disputé pied à pied, il était
juste qu'il fut éclatant. Pendant près d'un quart de siècle son
industrie lui rapporta plusieurs millions par an, soit un béné-
fice net de 600,000 francs. Cette immense fortune ne chan-
gea point l'excellence de la nature de Grandval. Quand
d'autres ne trouvent dans la possession des richesses qu'or-
gueil, préoccupation et sécheresse du cœur, il y trouva lui le
bonheur d'être utile à ses semblables et de pouvoir secourir
les malheureux. Veut-on savoir de quelle manière il recevait
alors ses compatriotes ? M. Sisco, de Ville, nous l'apprend
dans les lignes suivantes qu'il adressait, en 1863, au journal
d'Ajaccio. « Le voyageur corse, dit-il, qui doit passer quelques
jours à Marseille, ne doit pas manquer de visiter M. Grandval
et sa fabrique. Il recevra de notre opulent compatriote
l'accueil le plus gracieux et le plus cordial. C'est avec une
bonté toute paternelle qu'il parle au visiteur ; c'est avec une
naturelle et légitime satisfaction qu'il compare son passé avec
son présent, et, pour ma part, j'ai été enchanté de ce caractère
simple, franc et loyal qui dénote une bonne nature de l'hom-

me supérieur, s'estimant à juste titre heureux d'avoir été
l'artisan de sa fortune. »

En s'élevant du point où nous l'avons vu à la tête du haut
commerce, Joseph Grandval a fait honneur à sa patrie. Mais
s'il s'en était tenu à cette notoriété, l'histoire locale aurait à
peine recueilli son nom pour l'ajouter à la liste des richards
corses du XVIe siècle, que l'annaliste Filippini nous a transmise. Cédant aux sentiments généreux de son cœur, il n'a
point voulu que sa réputation consistât seulement dans le
fait d'avoir été un riche négociant : il a voulu aussi être un
bienfaiteur de l'humanité. C'est surtout à ce point de vue que
nous avons étudié sa vie. De son vivant nous n'aurions osé pu-
blier une pareille notice, car il tenait à voiler sa charité ; mais
aujourd'hui que son oreille n'entend plus l'éloge, aujourd'hui
qu'il ne peut plus rien faire pour sa Corse bien-aimée, nous
lui devons la vérité comme on la doit aux morts, et, en
biographe fidèle, nous dévoilerons les principaux actes de son
inépuisable bienfaisance. Il nous est d'autant plus doux de
remplir cette tâche, que d'autres de nos concitoyens avaient
en de plus que Grandval l'illustration du nom et la splen-
deur d'une haute position ; ils pouvaient comme lui songer à
leur pays. Hé bien ! ils sont passés sans laisser au milieu de
nous aucune trace de leur munificence.

Les premières libéralités de Joseph Grandval envers les
Ajacciens datent de 1859. Ce fut par un acte rendu plus précieux encore par les circonstances dans lesquelles il se pro-
duisit, qu'il révéla a ses compatriotes les sentiments affectueux qu'il leur avait conservés. C'était en 1858 ; Grandval,
assistant au Conseil de révision des Bouches-du-Rhône comme
Conseiller général, avait vu l'impitoyable sort arracher à une
pauvre famille uu fils laborieux qui en était l'unique soutien.

La mère du conscrit se livrait aux démonstrations du plus
violent désespoir. Emu de compassion, Grandval adoucit la
position de cette malheureuse femme en employant le second
fils qui lui restait. L'année suivante, époque de la guerre
d'Italie, ce souvenir se représente à sa mémoire. Il songe qu'à
Ajaccio aussi plus d'une mère pleurera son fils tombé sous
le coup de la loi militaire. Vite ! il adresse à son ami, le
capitaine Campi, la somme de 10,000 pour faire libérer du
service cinq jeunes soldats d'Ajaccio dont le salaire est indis-
pensable à l'existence de leurs familles. Le maire Decosmi
ayant été informé de cette disposition, en saisit le Conseil
municipal qui, dans la séance du 9 mai 1859, adopta à
l'unanimité la délibération suivante :

« Le Conseil municipal d'Ajaccio a appris avec une bien
vive satisfaction qu'un enfant de cette ville, M. Grandval
(Joseph), négociant à Marseille, a consacré une somme de
10,000 francs pour exonérer du service militaire 5 jeunes gens
de sa ville natale faisant partie du contingent de la classe de
1858, et appartenant à des familles pauvres dont ils sont les
soutiens.

« Interprête des sentiments de la population, le Conseil charge M. le Maire de remercier M. Grandval, au nom de la ville,
de cet acte de libéralité qui honore et celui de qui il émane et
la cité qui en est l'objet. »

Copie de cette délibération fut transmise à M. Grandval
par les soins du maire, qui, conformément au vœu exprimé,
s'empressa de le remercier au nom de la ville de son acte de
générosité.

A partir de ce moment, l'intérêt public, à Ajaccio, s'attacha
au riche industriel. On s'entretenait de lui : les anciens
racontaient qu'il avait quitté Ajaccio avant d'avoir tiré au

sort, n'ayant pour tout bien que l'amour du travail et une forte volonté. D'autres rappelaient ses brillantes opérations commerciales et ses œuvres charitables envers les pauvres de Marseille, pour lesquels il donnait annuellement 50,000 francs, etc. etc.

Le 14 mai, M. Grandval répondait en ces termes à la lettre du maire :

« Monsieur le Maire, j'ai été on ne peut plus sensible à la lettre affectueuse que vous avez eu la bonté de m'écrire le 11 du courant, et très-flatté aussi de la délibération du Conseil municipal de la ville d'Ajaccio, relative au don de 10,000 francs que j'ai fait à ma ville natale, pour l'appliquer à l'exonération de 5 conscrits de la classe de 1858.

« Je suis heureux, Monsieur le Maire, d'avoir pu faire quelque chose pour des personnes malheureuses appartenant à un pays qui m'est si cher, et ce sera toujours avec bonheur que je ferai, dans la mesure de mes ressources, quelque chose qui soit utile à mon pays.

« Veuillez, s'il vous plaît, être mon interprète auprès de Messieurs les membres du Conseil municipal pour les remercier, en mon nom, de leurs bons sentiments à mon égard, et veuillez agréer vous-même, Monsieur et cher Compatriote, l'assurance de mes sentiments affectueux. »

Le Conseil, touché des paroles généreuses et des sentiments patriotiques exprimés dans cette réponse, décida, dans la séance du 14 mai, qu'elle serait transcrite sur le registre de ses délibérations.

Dans ces entrefaites, une Commission chargée de désigner les 5 conscrits à libérer du service, ayant terminé ses opérations, le Maire adressa, le 28 mai, à M. Grandval une expédition du procès-verbal constatant ce résultat, et lui annonça en même temps la décision du Conseil relative à la transcription de sa lettre sur le registre des délibérations.

Voici la réponse que fit M. Grandval, le 9 juin :

« Monsieur le Maire, je viens répondre à la lettre que vous m'avez fait l'honneur de m'écrire le 28 du mois dernier, en l'accompagnant de l'expédition du procès-verbal de la Commission que vous avez bien voulu instituer, pour choisir les cinq conscrits que j'étais bien aise de libérer du service.

« Je vous remercie de ce que vous voulez bien me dire de bienveillant à cette occasion, et je suis profondément touché de la décision du Conseil municipal qui m'a fait l'honneur de transcrire ma dernière lettre sur le registre de ses délibérations.

« Je suis bien reconnaissant aussi aux membres composant la Commission de toute la peine qu'ils se sont donnée, en s'associant à mes intentions, et je prends la liberté de vous prier de leur en exprimer mes bien vifs remercîments.

« Permettez-moi d'ajouter, en terminant cette lettre, que j'ai été heureux dans cette circonstance d'avoir pu être utile à cinq familles de ma ville natale. Je crois cet acte très-naturel dans la position de fortune qu'il a plu à la Providence de m'accorder, et je n'ambitionne d'autre récompense que celle de faire le bien pour lui-même, et la satisfaction que mon cœur en éprouve. Donner trop de publicité à ces actes, (1) ou leur accorder des honneurs inusités, me gênerait pour l'avenir, ou m'empêcherait, je dois vous l'avouer, de rendre trop importantes ces libéralités. Je me permets de vous exprimer ici ma pensée intime que vous saurez apprécier, et qui vous

---

(1) A part un article publié, un an plus tard, dans la *Revue littéraire*, d'Ajaccio, on peut dire que les journaux de la Corse observèrent à cet égard la plus grande réserve (V. note C).

donnera la mesure des sentiments qui m'animent pour mon pays, lesquels sont exempts de toute vanité personnelle. »

Le langage noble et élevé ainsi que les idées généreuses exprimées dans cette lettre, si pleine de modestie dans le fond, nous dispensent de tout commentaire. Grandval, une fois entré dans la voie des libéralités ne s'arrête plus. Ayant appris par le capitaine Campi, que les revenus de l'hospice civil d'Ajaccio ne répondent pas aux besoins des malades, il demande à en connaître la situation financière afin de l'améliorer. Il résultait des renseignements qui lui furent adressés à ce sujet, le 25 septembre 1859, que l'établissement avait contracté un emprunt de 10,000 francs pour se procurer les eaux de Canneto ; 7,500 francs en principal et en intérêts étaient encore dûs sur cette somme. Grandval s'engage aussitôt à exonérer l'hospice du solde restant du capital de son emprunt et des intérêts y afférents. Bien plus, il tient à payer les frais de quittance, radiation, enregistrement et honoraires que comporte cet acte. Le 24 octobre suivant, l'hospice est libéré de sa dette et reçoit en outre un don manuel de 10,000 francs, ce qui porte a 17,669 le montant de cette libéralité. Il est à remarquer que dans la lettre d'envoi de ces fonds, Grandval laissait entrevoir d'autres donations pour l'avenir ; il y manifeste, en effet, l'intention que les revenus de l'hospice, « *y compris ceux qu'il espère lui continuer,* » soient intégralement conservés pour être affectés au soulagement des malheureux.

Cette noble passion de Grandval pour les actes de bienfaisance n'a fait que grandir avec sa fortune. Le pieux souvenir qu'il a conservé de la terre natale, les affections qu'il y a laissées, le portent à s'informer de la situation de famille de ses camarades d'enfance. Parmi ceux-ci, il en est qui manquent du nécessaire. Grandval leur assure des moyens d'existence, usant en cela de procédés délicats qui ne font que rehausser le prix de ses largesses, tout en ménageant l'amour propre des amis besogneux qui en sont l'objet. Il accorde ensuite des secours annuels à des familles pauvres et honnêtes, ainsi qu'à des anciens marchands ruinés par des revers immérités. Enfin, sur l'observation du capitaine Campi, il allége le sort de tous les malheureux atteints de cécité. Il existait à Ajaccio dix aveugles indigents, tous obtiennent une pension dont le montant varie selon leurs besoins ou le nombre de leurs enfants. La liste de ces pensionnaires s'élevait à 46, en 1860 ; à la fin de cette année elle s'augmentait de trois autres à 1,500, 800 et 600 francs. Sans rappeler ici les aumônes princières que Grandval semait en dehors d'Ajaccio, nous dirons que les titulaires de ces pensions en ont joui jusqu'au jour où les infirmités vinrent assombrir et terminer l'existence de leur bienfaiteur Ah ! ceux-là seuls qui ont profité de ces munificences, après avoir connu de près l'affreuse misère, pourraient dire le bonheur ineffable, le soulagement qu'ils en éprouvèrent ! Aussi, dans l'intervalle de dix ans qu'elles ont duré, que de lettres de reconnaissance ne sont-elles pas parties d'Ajaccio pour Marseille ! Que de larmes de joie et de prières ne sont-elles pas montées devant Dieu et retombées en pluie d'or sur la maison bénie de ce Corse vénéré !

Tandis que l'amour de l'humanité poussait Grandval à secourir ses semblables, son patriotisme le portait à concourir aux fondations d'utilité publique qui se faisaient à Ajaccio. Bien qu'éloigné de cette ville, il en connaissait les besoins et, dans son impatience, il aurait voulu la voir déjà en possession des institutions et des édifices dont son imagination se plaisait

à la doter. A l'ordre du jour des projets locaux, figurait à
cette époque la construction d'une église dans le quartier de
Saint-Roch, la paroisse de ce nom étant devenue insuffisante
pour la population toujours croissante du faubourg. Désireux
de contribuer à cette édification, Grandval prit l'engagement,
dans une lettre adressée au capitaine Campi, le 4 mars 1860,
de fournir une somme de 25,000 francs payables en 5 annui-
tés. Cette généreuse détermination fut communiquée au maire
Decosmi, qui en informa sur le champ le Conseil municipal.
Le Conseil, après s'être inspiré d'une délibération précédente
relative à la construction de la nouvelle paroisse, nomma,
dans la séance du 13 mars, une Commission pour examiner,
de concert avec l'Ingénieur en chef et des hommes de l'art, les
sites propres à l'édification projetée. L'emplacement à côté du
palais Fesch, désigné tout d'abord, n'ayant pas convenu, on
s'arrêta à celui de Canneto cédé gratuitement par le général
Tiburce Sebastiani. Plusieurs habitants notables s'étaient
engagés, de leur côté, à prendre part à cette œuvre en souscri-
vant pour des sommes assez importantes. Malheureusement
cet élan ne put aboutir à bien. Sans apprécier ici les motifs
qui ont empêché de commencer les travaux, nous dirons que
la faute n'en a pas été à Joseph Grandval, qui n'attendait que
la pose de la première pierre pour multiplier ses largesses.
Toutefois, les 25,000 francs qu'il avait promis ne furent point
perdus pour la ville, car l'hospice Eugénie reçut de lui,
presque aussitôt, un don de 10,000 francs qui fut renouvelé
pendant cinq années consécutives.

Sa libéralité s'étendait en même temps sur d'autres localités
de la Corse. Ainsi, la ville de Bonifacio ayant eu besoin de
6,000 francs pour son hospice, le maire de cette commune
demanda à M. Grandval s'il voulait bien prêter cette somme

moyennant intérêt. Demander au plus miséricordieux des hommes riches un prêt d'argent destiné à soigner des compatriotes dans l'adversité, n'était-ce pas obtenir sûrement une réponse favorable? Effectivement, quelques jours plus tard, le président de la Commission hospitalière de Bonifacio recevait, à titre de donation et nom comme prêt, la somme de 6,000 francs.

Encouragé par cet exemple, le curé de Sartène fit appel, à son tour, aux sentiments charitables de Grandval, pour obtenir une pareille somme jugée nécessaire à la réparation de son église. Le devis estimatif qui fut produit, à cet effet, n'était point exagéré et, de plus, la paroisse en question avait été le lieu des premières dévotions de Madame Grandval mère. Il y avait là des raisons suffisantes pour prendre en considération la demande du curé ; c'est ce qui arriva.

Parlerons-nous maintenant de toutes les églises et chapelles de l'intérieur qui conservent, comme souvenirs de la munificence de Grandval, un ou plusieurs objets sacrés? Ce serait entreprendre une trop longue énumération. Toutefois, nous mentionnerons les dons plus importants faits aux églises de Fozzano et de Mezzavia qui obtinrent, l'une pour une valeur de 4,000 francs et l'autre de 2,000 francs en ornements.

La ville d'Ajaccio, particulièrement favorisée, ne pouvait rester plus longtemps sans manifester, par un acte public, l'expression de sa reconnaissance envers son bienfaiteur. C'est pourquoi, dans la séance du 8 mai 1860, le Conseil municipal, sur la proposition d'un de ses membres, décidait par acclamation que la voie urbaine partant de l'angle de la caserne Saint-François pour aller aboutir à la place du Casone, prendrait le nom de *Cours Grandval*. Ce vote, approuvé par un décret du 12 décembre de la même année, fut suivi de la

concession d'un terrain à bâtir faite à la famille Grandval sur
ledit cours, entre le quatrième cottage et la propriété de miss
Campbell.

Grandval répondit à ce témoignage flatteur de la municipalité par un don de 10,000 francs en faveur des pauvres. Les
marins d'Ajaccio ne furent pas non plus oubliés. Il offrit à
leur confrérie son portrait à l'huile, et se fit inscrire sur le
contrôle de l'association pour une quotité extra-réglementaire
de 200 fr.; puis, après avoir largement contribué aux frais du
culte dans l'église de Saint-Erasme, servant d'oratoire aux
confrères, il remplaça leur vieil étendard par une bannière de
velours cramoisi étincelante de broderies d'or, du prix de
2,000 francs.

Nous avons dit que Grandval renouvela, pendant des
années, la donation de 10,000 francs qu'il fit à l'hospice
d'Ajaccio, en 1860. Lorsque, en 1862, cette libéralité se
reproduisit pour la troisième fois, la Commission administrative ne crut pas mieux la reconnaître qu'en faisant exécu-
ter le buste en marbre du donateur, pour être placé dans la
cour de l'établissement. Grandval en fut avisé. Guidé par un
scrupule honorable, il déclara que son intention était de se
soustraire, de son vivant, à la reproduction de son image
par le marbre ou par le bronze, intention qu'il avait
d'ailleurs manifestée déjà au maire de la ville. Devant
une volonté si formelle, on s'ingénia à atteindre le même
résultat en s'inspirant d'un usage des anciens, qui consistait à
perpétuer le souvenir des belles actions au moyen de vases
artistiques. On commanda donc un pareil objet en bronze
au sieur Lanfranchi d'Ajaccio, jeune sculpteur de talent,
établi à Paris, lequel choisit les sujets d'ornementation à la
satisfaction générale. D'un côté il représenta la *Bienfaisance*

protégeant d'une main la *Famille*, et de l'autre secourant la *Misère*. Sur le côté opposé, on voyait l'effigie de Joseph Grandval, auquel rendait hommage l'*Humanité* florissante personnifiée par le *Commerce*, l'*Industrie*, les *Sciences* et les *Arts*. Le modèle en plâtre de cette œuvre remarquable était achevé ; il s'agissait de le couler en bronze. L'édilité ajaccienne, saisissant cette circonstance pour donner à M. Grandval une marque réitérée de ses sentiments de gratitude, vota, dans la séance du 9 février 1865, la somme de 500 fr. destinée à l'acquisition d'un piédestal en granit, sur lequel devait être posée l'œuvre de Lanfranchi. Mais la Commission s'étant ravisée, préféra au vase un médaillon en bronze, du même artiste. Ce changement de la dernière heure ne doit point être regretté, car le médaillon, qui n'est autre qu'un portrait fort ressemblant de Joseph Grandval, vient d'être habilement utilisé pour la décoration de son monument commémoratif. Cette nouvelle preuve de haute sympathie donnée à la fois par la municipalité et l'administration hospitalière à Grandval, le confirma dans l'idée qu'il n'avait point semé dans un terrain ingrat. Aussi ne perdait-il aucune occasion pour manifester sa sollicitude envers ses concitoyens. Voulant ménager les revenus qu'il a faits à l'hospice, il l'affranchit de fortes dépenses, en envoyant des denrées ou autres provisions de consommation journalière. Parmi ces envois, celui qu'il fit au mois de mars 1864, constituait un approvisionnement de plusieurs années en sucre et en huile. Il comprenait aussi 3.000 mètres environ de tissus, dont 2.000 mètres de toile en fil pour servir au confectionnement de 50 paires de draps de lit, 300 chemises, 24 douzaines de serviettes et torchons, plus un ballot contenant 100 gilets de tricot et autant de bonnets de coton. Tous ces objets représentaient une valeur de 10,000 francs. (1) Profondément émue de ces libéralités, la Commission administrative pria le Maire de témoigner à M. Grandval, tant en son nom qu'à celui des malades confiés à ses soins, l'expression la mieux sentie de leur plus vive reconnaissance. Elle décida en même temps que le procès-verbal constatant la réception de ces diverses marchandises, serait transcrit sur le registre des dons et legs faits à l'hospice, et ce pour transmettre à la postérité le souvenir des nombreux bienfaits dont l'établissement était redevable à M. Grandval. Chose admirable, ce philanthrope qui semait à pleines mains l'abondance dans l'asile de la douleur, connaissait mieux que personne le prix de l'argent et de quelle façon on le gagne. Et cependant il donnait, il donnait toujours ; c'est qu'il croyait sincèrement à la maxime : *Qui prête au pauvre prête à Dieu*, et faisait le bien pour la seule satisfaction qu'il procure. En retour, son nom devint très-populaire à Ajaccio, bien qu'il y manquât depuis 46 ans. Tout événement heureux ou malheureux touchant sa famille, trouvait à coup sûr un sympathique écho dans le cœur des Ajacciens. Ainsi, à l'occasion de la mort du docteur Jean Grandval, frère aîné de Joseph, arrivée à Marseille en octobre 1863, la ville d'Ajaccio prit part à ce deuil, et le Maire ouvrit la séance du Conseil municipal du 13 novembre suivant, en donnant lecture d'une lettre par laquelle M. Grandval remerciait ses concitoyens des sentiments de regrets qu'avait provoqués parmi eux la mort de son frère. Neuf mois plus tard, le 13 août 1864, Grandval ayant été nommé officier de la Légion d'honneur, la Commission de l'hospice fit parvenir au nouveau

(1) Cette estimation figure, par erreur, pour 3,960 francs seulement, au tableau des donations. (Note F)

promu l'expression de sa joie qui, sans nul doute, était parta-
gée par tous les Ajacciens. « L'empressement que vous
apportez à m'être agréable, toutes les fois qu'une heureuse
circonstance se présente, lui mandait M. Grandval, me
touche profondément, et me donne l'assurance que ce que je
fais pour les malheureux de notre pays, m'a valu votre estime
et vos sympathies. »

En 1864, nouvelles libéralités de Grandval envers l'hospice Eugénie. Quoiqu'il ait décidé de favoriser tout spéciale-
ment cette institution, dans ses dispositions testamentaires, il
trouve que c'est trop la faire attendre. Aussi prélève-t-il sur
sa fortune une somme de 200,000 francs, pour l'en faire
jouir sans plus de délai. Cette donation, qui mettra l'hospice
à l'abri des vicissitudes du temps, est annoncée au Président
de la Commission administrative par une lettre, datée du 30
mars 1865, ainsi conçue :

« Monsieur le Maire, retiré de l'industrie et pouvant réaliser plus tôt ce qu'il était dans mon intention de faire après ma
mort, pour l'hospice Eugénie, en souvenir de ma ville natale,
j'ai trouvé préférable pour mon cœur et plus utile de prélever
sur mes biens une somme de 200,000 francs, pour en faire
don audit hospice, avec les conditions d'affectation que je crois
devoir y attacher.

« La présente lettre a conséquemment pour objet de vous
informer officiellement de cette intention, et de vous prier de
m'aider à sa plus prochaine réalisation. »

Ces 200,000 francs étaient représentés par 666 obligations
de la Compagnie du chemin de fer de Paris à Lyon et à la
Méditerranée, valant au cours du jour environ 300 francs
l'une, mais remboursables à des époques déterminées par
voie de tirage annuel, au taux de 500 francs. Ces valeurs,

tout aussi sûres que les rentes sur l'Etat, avaient été achetées
de préférence par le donateur dans l'intérêt même de l'hospice. Effectivement, remboursées à 500 francs, les 666
obligations devaient procurer à l'établissement, après tous les
tirages effectués, un capital de 333,000 francs. Ses revenus,
augmentant dans la même proportion, de 10,000 francs
qu'ils étaient au moment de la remise des titres, devaient
s'élever successivement jusqu'à 16,600 francs. Grandval s'engageait à livrer la somme promise aussitôt après l'acte
d'acceptation et les autres formalités exigées en pareil cas. Il
attachait à sa donation les conditions ci-après :

1° Le capital ne pourra jamais être aliéné. Les titres
d'obligations, une fois placés sous le nom de la Commission
administrative, le revenu annuel en résultant sera seul
employé par elle.

2° Ce revenu sera exclusivement affecté au soulagement des
malheureux de l'hospice. Il n'en pourra être distrait aucune
partie pour des créations nouvelles, ni pour un emploi quel-
conque étranger à l'acte de bienfaisance que le donateur
entend faire à ses compatriotes souffrants dans l'adversité.

3° Comme ces obligations sont susceptibles de rembourse-
ment par voie de tirage annuel, chaque fois qu'il existera de
pareils remboursements, le montant intégral en sera placé
immédiatement en rente sur l'Etat, avec maintien de ladite
affectation d'emploi de ses revenus, et ce à perpétuité. Dans
les délibérations qui régleront ces placements successifs,
seront mentionnées les conditions mises au don originaire.

4° Pour assurer et perpétuer ces dispositions, l'article du
budget annuel de l'hospice relatif au revenu du capital ainsi
fondé, se référera à la délibération qui aura accepté cette
donation et fixé son objet.

Enfin, pour simplifier et alléger de frais cette opération, le donateur écartait la forme notariale et les autres précautions légales qu'il pouvait encore prendre, pour assurer l'aliénabilité du capital.

La Commission de l'hospice, profondément émue par la lecture de cette lettre philanthropique et des sages dispositions qui la complétaient, décidait qu'elle serait transcrite sur le Livre d'or de l'établissement *ad perpetuam rei memoriam ;* puis, adhérant aux conditions susmentionnées, était d'avis d'accepter la donation et votait, à l'exemple de la municipalité, (1) des remercîments à M. Grandval.

Le 22 juin, le maire Braccini soumit la décision de la Commission à l'approbation du Conseil municipal, et proposa d'exprimer à M. Grandval les sentiments qu'inspirait à la population ajaccienne le don qu'il venait de faire à l'hospice. Le Conseil reconnaissant adopta, séance tenante et avec acclamation, le projet d'adresse qui suit, présenté par une Commission composée de MM. Cauro (Félix), Coti (J.-Baptiste), Ceccaldi (François) et Ucciani (Simon) :

« LE CONSEIL MUNICIPAL DE LA VILLE D'AJACCIO
A M. GRANDVAL.

« Avec Fesch vous occupez, aujourd'hui, une grande place « dans notre cœur.

« L'éminent Cardinal, sous le poids d'une immense infor- « tune, partagea sa pensée entre sa famille proscrite par les « ennemis de notre gloire et sa ville natale en deuil depuis « Waterloo.

« Ajaccio, toujours patriotique, éternisa dans le bronze « l'image auguste de son bienfaiteur.

(1) Note D.

« Continuateur de l'œuvre évangélique de notre illustre
« concitoyen, vous avez, pour secourir les pauvres de notre
« cité, amoindri l'héritage de vos enfants, amassé par quarante
« ans d'un opiniâtre et rude labeur. Grâce à votre munifi-
« cence, l'hospice Eugénie prospère, et les malheureux de
« notre pays trouvent dans cet établissement régénéré, un
« soulagement à leur misère.

« Honneur donc à vous, Monsieur ! Les bienfaiteurs de
« l'humanité ne meurent point : la reconnaissance publique
« immortalise leur mémoire. »

Ce témoignage enthousiaste de gratitude, résumait élo-
quemment le cri de la population tout entière ; aussi alla-t-il
droit au cœur de celui qui en était l'objet. Par une heureuse
coïncidence, les noms des signataires de la délibération lui rappelaient presque tous des amis d'enfance, qu'il n'avait revus
depuis plus d'un demi siècle. Ce fut sous l'impression de souvenirs si attendrissants, que Grandval répondit à ce nouveau
témoignage de vive sympathie de ses concitoyens, par la lettre
ci-après, écrite à M. le maire Braccini et datée d'Aix les-Bains,
le 4 juillet 1865 :

« Monsieur le Maire, j'ai reçu avec votre affectueuse et
bonne lettre la délibération du Conseil municipal d'Ajaccio,
en date du 22 juin dernier.

« J'ai été profondément touché de cette marque de bienveil-
lante affection de la part de mes chers concitoyens, et mon
cœur a été ému surtout en retrouvant sur cette pièce des
noms qui rappellent tous à ma mémoire des souvenirs de plus
de 60 ans.

« Je me félicite tous les jours de plus en plus que la pensée
de faire du bien à ma ville natale, ait pu se concilier avec la
fortune que j'ai acquise par mon travail, et qui me donne

aujourd'hui la douce satisfaction de recevoir de mes compatriotes des marques de sympathie et d'amitié, qui sont bien
assurément ma plus douce récompense. Au reste, dans toutes
les circonstances, je retrouve dans le Conseil municipal
d'Ajaccio les témoignages d'une vive affection, et j'en ai encore
la preuve aujourd'hui dans sa nouvelle délibération relative à
la perte d'argent que je viens de faire, qui, quoique très-im-
portante, *ne me privera pas de la satisfaction de soulager encore
bien des infortunes.* »

La perte d'argent dont il est question dans cette lettre,
s'élevait à trois millions et demi ! Le désastre commercial
qui en fut la cause, ayant été diversement apprécié, nous
devons à la mémoire du bienfaiteur d'Ajaccio de faire connaître comment et à la suite de quelles circonstances il eut
lieu ; circonstances fort douloureuses, sans doute, mais qui
ont fourni l'occasion de prouver au grand jour, devant les
tribunaux, la droiture et la probité que Joseph Grandval
apportait dans ses opérations commerciales. Voici très-brième-
ment les faits :

En décembre 1863, M. Charles Rostand avait fondé à
Marseille une Société ayant pour objet l'exploitation d'une
raffinerie de sucre, au capital de 3 millions. Actif et
entreprenant, intéressé à développer l'industrie du raffinage
et désireux d'exciter une vive concurrence dans le sein
de cette fabrication, M. Rostand se présentait comme une
rivalité dirigée contre les usines existantes. Devant le danger
d'une lutte à outrance, Joseph Grandval, déjà rémunéré de ses
longs travaux et las des concurrences ardentes et périlleuses,
vit l'avantage d'un rapprochement. Il proposa à son concur-
rent, qui accepta, la cession de sa situation commerciale.
Pour prix de ses usines et de sa clientèle, Grandval avait à

recevoir une somme fixée, après débat, à 5 millions et demi et payable : 2 millions et demi en numéraire ; 2 millions en 10 années et par dixième chaque année, sous la garantie de son hypothèque de restant prix ; le solde, soit 1 million, en actions de la Société lorsque le capital en serait porté à 12 millions, comme c'était le plan financier de M. Rostand. Enfin le vendeur avait la faculté de recevoir sur son prix 2 millions en actions au lieu d'un seul ; ce qui réduisait, dans ce cas, à 1.500.000 francs le numéraire à toucher. Afin d'assurer le succès de l'entreprise, Grandval s'engageait avec ses fils à ne prendre aucun intérêt direct ou indirect, pendant 15 années, dans aucune autre raffinerie : mettait à la disposition de M. Rostand, gérant de la Société, des conseils précieux et plaçait dans sa fabrique des sommes considérables. C'est ainsi que, déjà possesseur de 4.000 actions, il en acheta 1.000 de plus, justifiant par là de sa confiance entière dans l'opération, en se chargeant du cinquième du capital social. Néanmoins, en dépit des légitimes espérances qu'elle faisait concevoir, la Maison Rostand et Cie, par suite des désordres de bourse et des fraudes de douane commis par son gérant, tomba sous le coup d'une faillite qui engloutit 9 millions! Grandval, que des actionnaires de mauvaise foi ont accusé de manque de surveillance, fut, au point de vue de la perte que cette catastrophe lui coûta, la plus grande victime de la gestion de M. Rostand ; il perdit pour sa part plus de 3 millions et demi. Aux adversaires qui ont voulu faire passer cet homme généreux par excellence, pour un juif spéculant sur les actions de la Société, il suffit de leur répondre, avec les pièces mêmes du procès, que Grandval a conservé jusqu'à la dernière heure tous ses titres, lesquels ont disparu dans le sinistre.

Chose admirable, malgré cette perte aussi énorme qu'im-

méritée, Grandval est prêt à remplir ses engagements au sujet
du don de 200.000 francs qu'il se propose de faire à l'hospice. La Commission administrative, au contraire, n'est point
encore en état de remplir les formalités qu'exige cet acte. Elle
avait voté, il est vrai, le 30 juillet, un emprunt de 21.000
francs pour couvrir les frais auxquels devait donner lieu l'acceptation des 666 obligations, mais cette délibération restait
à l'état de lettre morte. Cependant les lenteurs administrati-
ves apportées dans l'exécution de ce vote, étant de nature à
doubler le droit d'enregistrement qui, dans ce cas, s'élèverait
à 42,000 francs, Grandval supplie et presse avec instance la
municipalité de terminer définitivement cette affaire. A ces
fins, le maire convoque extraordinairement le Conseil municipal, le 28 novembre, et lui demande l'autorisation d'avan-
cer, sur la caisse communale, la somme de 21.000 francs à
l'hospice dont le budget ne peut supporter, pour le moment,
une pareille dépense. Cette autorisation ayant été accordée,
l'acte de donation se passe devant notoire, le 20 novembre
1865.

Ainsi donc, grâce aux supplications et aux diligences de
Joseph Grandval, l'administration de l'hospice n'eut à payer
qu'un droit simple d'enregistrement, entra plus tôt en jouis-
sance du capital donné, et bénéficia le même jour des intérêts
de ce capital s'élevant à 10.000 francs, que le donateur voulut absolument payer.

Pour bien apprécier l'importance de ce bienfait, il convient
de jeter un coup d'œil sur l'ancienne situation de l'hospice
d'Ajaccio Cet établissement, fondé en 1588 dans la rue
Notre-Dame, a vécu par l'effet de circonstances miraculeuses.
Loin de prospérer avec le temps, s'il s'est maintenu jusque
dans ces dernières années, il faut l'attribuer moins aux

ressources dont il pouvait disposer, qu'à la répulsion des malheureux pour cet asile. L'*Ospizio dei poveri*, tel était son nom primitif. Cette désignation, tant soit peu blessante pour les malades qui avaient recours à l'assistance publique, ne pouvait convenir à la fierté des Ajacciens. Aussi la population de la maison qui, par suite de ce préjugé, n'atteignait jamais qu'un chiffre insignifiant, pouvait-elle être secourue avec les seules aumônes accordées par quelques familles charitables de la ville. Du reste, livré pendant des siècles à des infirmiers mercenaires, l'hospice ne se recommandait ni par la propreté ni par les commodités de son installation. Il présentait au contraire un aspect si repoussant, les malades y étaient reçus avec une pitié de convention si insultante, que beaucoup de ces infortunés n'abordaient le seuil de l'établissement qu'à la dernière extrémité. D'autres, refusant absolument les soins d'une institution où l'humiliation de l'aumône pesait trop, préféraient mourir sur leur grabat. Enfin, une autre cause d'éloignement pour les malades, existait dans l'usage barbare de priver les morts de cercueil.

Cet état de choses, il faut le reconnaître, s'améliora sensiblement après la réédification de l'hospice sur le boulevard Lantivy, où il se trouve actuellement. Mais ce n'est que depuis les donations de Joseph Grandval, dont le montant a dépassé le chiffre de 409,000 francs, (1) que l'établissement offre tous les éléments d'une bonne maison hospitalière. Le service intérieur a été confié à des Sœurs de St-Joseph qui s'acquittent de leur tâche avec un dévouement et une abnégation admirables. Le personnel médical et l'aumônier remplissent leurs devoirs avec un zèle non moins digne

(1) Note E.

d'éloges , tandis que l'alimentation et le traitement des malades ne laissent plus rien à désirer. Les autres améliorations consistent dans la construction de l'aile nord et d'un escalier pour séparer les services, d'une salle d'autopsie, d'une buanderie, d'une citerne et d'une conduite pour les eaux de Canneto. On a aussi placé des calorifères pour le chauffage des salles, et toutes les pièces du rez-de-chaussée ont été parquetées. Le nombre des lits a été porté à 166, et les effets de lingerie ont été doublés. Enfin, les ressources accordées par Grandval, leur administration intelligente, ont permis d'apporter d'autres changements ou modifications de détail qu'il serait trop long d'énumérer. Aussi la répulsion traditionnelle des pauvres d'Ajaccio pour l'hospice, est-elle vaincue aujourd'hui.

Nous avons dit que Grandval, après la cession de ses usines à la Société Rostand, s'était vu dans l'obligation de quitter les affaires, pour se conformer aux conditions stipulées dans l'acte de vente. Il n'en était que temps, car l'heure du repos était devenue une nécessité pour lui : 46 ans de labeur et les premières infirmités de l'âge, avaient singulièrement ébranlé sa constitution. Cédant aux prières de sa famille, il se retira d'abord à Aix-les-Bains, puis il alla demander au ciel clément de Cannes le rétablissement de sa santé. Ce séjour, en face des côtes de la Corse, lui rappelait son pays de prédilection qu'il avait toujours espéré revoir avant de mourir. Mais cette retraite, doucement agitée par les joies de la famille et si noblement méritée, semblait pourtant lui peser : l'homme qui avait personnifié l'activité même, ne pouvait se condamner à l'inaction. Lorsque, parfois, le vieux lutteur songeait aux péripéties de sa vie commerciale, il voulait encore lutter ; il enviait le sort des hommes nouveaux qui affrontaient l'arène

industrielle. « Vous m'enviez, lui écrivait un jour son continuateur ; j'envie votre repos. Contraste. Voilà le monde.
Soyons philosophe, et chacun soyons content de notre lot,
c'est là qu'est le bonheur. Pour moi je l'ai trouvé dans le
caractère qui me fait prendre la vie du meilleur côté, et
surtout dans les satisfactions de cœur que j'éprouve depuis
que, m'attachant à votre nature d'élite et à votre âme, je me
dis et suis votre ami. »

Pendant cinq ans, il y eut dans l'état sanitaire de Grandval des alternatives qui permettaient d'espérer une guérison ;
mais sa vue qui s'affaiblissait d'une manière effrayante, vint
tout à coup aggraver sa situation.

Nous avons déjà parlé de sa sollicitude pour les aveugles.
Elle était si grande, qu'il avait pensionné tous ceux de la
ville d'Ajaccio. Plus d'une fois il pria, à cet égard, son confident d'en tenir la liste au courant sans attendre ses ordres.
Hé bien ! par une étrange fatalité, celui qui avait tant compati
au sort de ces infortunés, fut frappé lui-même de cécité complète en 1869 ! Comme Job, Dieu l'éprouva d'une manière
terrible, en le faisant pour ainsi dire descendre tout vivant
dans la tombe. Mais Grandval, à l'imitation du personnage
biblique, montra une force d'âme et une résignation vrai-
ment chrétiennes. « Vous me frappez, Seigneur ! que votre
volonté soit faite ! Voilà les paroles édifiantes, voilà les
plaintes qui s'échappèrent de ses lèvres, en entrant dans
cette situation indicible que le poëte corse Agnèse, devenu
aussi aveugle, appelait le *purgatoire de la vie.*

Condamné à rester dans les ténèbres, il considéra du
moins comme une dernière clarté, les soins tendres et affectueux que lui prodiguaient à l'envi sa digne compagne et ses
neuf enfants. Toutefois, ces attentions ne purent arrêter les

progrès du mal ; il s'éteignit, dans sa villa de Cannes, le 12 mai 1872, veille du jour anniversaire de la mort de son parrain le cardinal Fesch, qui, comme lui, fut un grand bienfaiteur de sa ville natale.

Dès que l'on apprit à Ajaccio que Joseph Grandval avait cessé de vivre, il y eut une espèce de deuil public. C'était, en effet, une perte véritable pour cette cité. La Corse elle-même ne perdait pas seulement une illustration industrielle, la seule, peut-être, sortie de son sein ; mais elle perdait encore un protecteur zélé qui était toujours prêt à secourir de sa bourse ses compatriotes malheureux. D'ailleurs cet homme de bien avait assez fait pour Ajaccio en particulier, pour que les autres localités de l'île ne doutassent point de la continuation de ses généreuses dispositions en leur faveur. Nous en avons pour garant ses libéralités envers les communes de Bonifacio, Sartène, Mezzavia et Fozzano, sans parler de toutes les œuvres secondaires auxquelles il avait pris une part plus ou moins active. Comme beaucoup d'autres, nous n'aurions pas voulu croire à tant de générosité, si nous n'avions eu entre les mains les pièces qui en font foi, et d'après lesquelles on peut évaluer à 800,000 francs la longue série de tous ces bienfaits.

Grandval était d'une taille élevée et d'une physionomie très-avenante. Le doux sourire qui effleurait ses lèvres, était le miroir fidèle de son noble cœur. On ne saurait dire tout ce qu'il y avait de dévouement dans cette nature d'élite, accessible aux plus généreuses aspirations. Il ne savait pas éconduire, et tous ceux qui l'abordaient étaient certains de rencontrer auprès de lui un encourageant accueil. Le dispensateur de ses libéralités, le vieux soldat qui possédait ses intimes pensées, pourrait seul dire à combien de misères sa main compatissante s'est ouverte. Mais ces bonnes œuvres qui ont échappé à l'indiscrète biographie, sont montées au ciel comme un parfum exhalé par la prière des malheureux.

Comme père et époux Grandval idolâtrait sa famille. Cette passion lui fit grouper autour de lui sa nombreuse progéniture, et jusqu'à ses petils fils dont les demeures ne lui semblaient jamais assez rapprochées de la sienne. Travailler pour ses enfants n'était qu'une impulsion naturelle ; mais il aimait aussi son pays, et c'est pourquoi il voulut que les plus pauvres de ses concitoyens profitassent également des richesses qu'il devait à son travail.

Grandval était officier de la Légion d'honneur du 13 août 1864 ; il avait était successivement membre de la Chambre de Commerce de Marseille, président du Conseil des Prud'hommes et conseiller général des Bouches-du-Rhône. Dans ces diverses fonctions, qu'il ne rechercha point, il paya sa dette de citoyen en homme utile, et les distinctions dont il fut honoré n'ont été que la récompense de ses services de toute nature.

Lorsque la nouvelle de sa mort parvint en Corse, la Commission municipale d'Ajaccio, se faisant l'interprète de la douleur publique, se réunissait immédiatement à l'hôtel de ville et prenait, à la date du 16 mai 1872, les résolutions suivantes :

1° M. le Maire est chargé de transmettre aux membres de la famille Grandval l'expression de la douleur et des regrets de la ville d'Ajaccio.

2° Un service funèbre sera célébré dans l'église cathédrale.

3° Un monument sera élevé à la mémoire de ce généreux compatriote et en souvenir de ses bienfaits.

La dernière de ces décisions resta pendant six ans à l'état de vœu, les ressources de l'hospice n'ayant pas permis, durant ce laps de temps, de lui donner une solution convenable. De cette façon, on laissait subsister une lacune regrettable dans l'établissement que Grandval avait comblé de ses largesses. On y voyait, en effet, scellées contre les murs du corridor, de nombreuses plaques de marbre rappelant les noms et les libéralités de tous les donateurs, à l'exception de Grandval. Frappé de cette choquante anomalie, M. le médecin principal Frasseto, membre de la Commission administrative, émit une fort bonne idée pour procurer à l'hospice les fonds nécessaire à l'érection d'un monument à la mémoire de Joseph Grandval. Il fit observer à ses collègues que la Société de la Légion d'honneur, fondée à Ajaccio en 1864, ne fonctionnait plus depuis nombre d'années, et qu'elle possédait une somme de 1450 francs provenant de dons volontaires. Si l'on n'avise, ajoutait-il, cet argent, qui est déposé à la Trésorerie générale, va être bientôt versé à la Caisse des dépôts et consignations, tandis qu'on pourrait l'utiliser au profit de l'hospice. M. Frasseto se trouvait être alors le seul survivant des membres du Bureau de la Société ; sur son invitation, les sociétaires, en grande majorité, se réunissent en assemblée générale, forment leur bureau et arrêtent à l'unanimité que leur association étant dissoute de fait, la somme de 1450 fr. 16 c. qui constitue son restant en caisse, sera mise à la disposition de la Commission de l'hospice. Grâce à ces ressources, un monument commémoratif vient d'être érigé à Joseph Grandval. Il s'élève contre la paroi sud du vestibule de l'hospice, au milieu d'un enfoncement ornementé formant niche, et consiste en une belle plaque de marbre rouge antique de 2^m d'élévation sur 1^m, 25^c de large. Dans la partie supérieure, est enchassé un médaillon en bronze de 25 centimètres de diamètre, à l'effigie du bienfaiteur. La partie inférieure porte cette inscription gravée en lettres d'or :

A LA MÉMOIRE

DE

JOSEPH GRANDVAL

BIENFAITEUR DE CET HOSPICE

NÉ A AJACCIO

LE 10 NOVEMBRE 1798.

Plus bas, sur le socle, on lit : HOMMAGE DE RECONNAISSANCE. Le monument proprement dit, est entouré d'un encadrement élégant en marbre de Carrare. Cette œuvre dont la composition est due à M. Maglioli, architecte ajaccien, a été bien conçue et parfaitement exécutée à Marseille. Il était difficile de faire quelque chose d'aussi simple avec plus de goût. L'inauguration, nous l'avons dit, a eu lieu le 10 novembre dernier, jour anniversaire de la naissance de Joseph Grandval. On remarquait parmi les assistants NN. SS. les évêques d'Ajaccio et de Ptolémaïs, le Maire, la Commission administrative de l'hospice, le Conseil municipal, les membres du Bureau de bienfaisance, les Frères des Ecoles de la Doctrine chrétienne, les Sœurs de Saint-Joseph, le personnel de l'établissement et plusieurs notables habitants. Nous donnons plus loin les discours prononcés à cette occasion par M. le maire Peraldi et M. le chanoine Pietri, curé de la cathédrale. (1) Sans s'arrêter aux détails biographiques, ils ont l'un et l'autre payé un juste tribut d'éloges à la mémoire de l'homme de bien dont le souvenir vivra éternellement dans le cœur des Ajacciens.

(1) Notes F. et G.

NOTES ET DOCUMENTS.

Note A.

ACTE DE NAISSANCE DE JOSEPH GRANDVAL.

Aujourd'hui, vingt du mois de nivose, an VII de la République, à dix heures du matin, par devant nous Nicolas Montepagano, administrateur municipal de la commune et canton d'Ajaccio, élu le dix-huit messidor passé afin de recevoir les actes destinés à constater la naissance, les mariages et les décès des citoyens, est comparu, en la salle publique de la Maison commune, Gaspard-Paul Grandval, officier de santé en chef de l'hôpital militaire de cette place d'Ajaccio, domicilié en cette commune d'Ajaccio, rue Colletta, lequel, assisté de Louise Bonardi, fille de Jean, notaire, âgée de 23 ans, et de Marie-Françoise Forcioli, fille de Paul, employé de la douane, âgée de 21 ans, toutes les deux domiciliées rue Colletta, a déclaré à moi Nicolas Montepagano que Marie-Nicolette Susini, son épouse en légitime mariage, est accouchée dès le 20 brumaire dernier, dans sa maison située rue Colletta, d'un enfant mâle qu'il m'a présenté et auquel il a donné les prénoms de Joseph-Antoine. D'après cette déclaration, que les citoyennes Louise Bonardi et Marie-Françoise Forcioli ont certifiée conforme à la vérité, et la présentation qui m'a été faite de l'enfant dénommé, j'ai rédigé, en vertu des pouvoirs qui me sont délégués, le présent acte que le père dudit enfant a signé avec moi, ayant les deux témoins affirmé ne le savoir.

Fait en la Maison commune d'Ajaccio, les jour mois et an que dessus.

Signé : GRANDVAL. *Signé* : N. MONTEPAGANO.

Note B.

NOTICE SUR JEAN GRANDVAL.

GRANDVAL (Jean), docteur en médecine de la faculté de Montpellier, ancien chirurgien-major, chevalier de la Légion d'honneur, né à Ajaccio le 16 mars 1783, était l'aîné et l'unique frère de Joseph Grandval. Il entra dans le service médical de l'armée à l'âge de 18 ans, et comptait, à la chûte de l'Empire, douze campagnes faites en

Italie, en Allemagne, en Prusse, en Espagne, en Portugal et en Russie. Plein de courage et de sang froid, à la fois chirurgien et soldat, il pansait les blessés et les défendait le fusil à la main. A la bataille d'Iéna, il donna les premiers soins au colonel Harispe du 18e de ligne, blessé d'un coup de feu à la jambe, et devenu plus tard maréchal de France. Au combat des Arapiles, le 22 juillet 1810, près de Salamanca, il prodigua ses soins à son concitoyen et ami, le colonel Toussaint Campi, du 65e de ligne, depuis baron et lieutenant-général, ainsi qu'au maréchal Marmont, duc de Raguse, blessé d'un éclat de bombe au bras droit. A cette époque mémorable, Grandval était aide-major, chef de service au 20e de ligne, remplaçant provisoirement le chirurgien-major Giorda qui venait d'être tué. Sous la Restauration, il passa dix ans sans emploi. Nommé en avril 1825 chirurgien-major des Carabiniers de Monsieur, il obtint la croix de la Légion d'honneur et, le 22 mars 1826, il reçut le brevet qui l'attachait, comme titulaire de son grade, au même régiment.

Comme savant, le docteur Grandval avait fait adopter dans plusieurs corps et hôpitaux divers moyens curatifs de sa création, surtout celui de l'application de l'eau froide dans les lésions trausmatiques, procédé dont il fut rendu compte dans les *Mémoires de médecine et de chirurgie militaires* (Paris, 1829). On lui doit aussi une recette contre le choléra. Enfin, il était membre titulaire de la Société des sciences médicales de Metz, du Comité médical des Bouches-du-Rhône et chirurgien-major de la garde nationale de Marseille. Retraité en 1830, il quitta la Corse où il vivait, et se fixa auprès de son frère pour lequel il avait la plus tendre affection. Il mourut à Marseille au mois d'octobre 1863.

Note C.

EXTRAIT DE LA *Revue littéraire de la Corse.*

(N° 16 — Décembre 1860.)

Si Dieu a départi à certains hommes les biens de la terre, en revanche, il ne leur a pas épargné les vices. Leurs dons se déguisent toujours en insultantes aumônes qui flattent d'autant plus leur égoïsme qu'elles rabaissent le pauvre qui les reçoit. On dirait, en vérité, que l'or a desséché le cœur de tous ceux qui le possèdent. Combien, en effet, les exceptions ne sont-elles pas rares ? — Charles Nodier, dans un jour de verve humoriste, a appelé notre siècle l'âge du papier. Ce n'était pas là seulement une boutade spirituelle, c'était une vérité. Mais combien cette vérité n'aurait-elle pas été plus frappante, s'il avait ajouté que c'était aussi l'âge de la spéculation et de l'agio. Tout est sacrifié au *Veau-d'or* : on court aux millions, on marche sur l'honneur, sur la vertu, sur la morale, sur la liberté.

Mais à côté de ces hommes, que nulle considération n'arrête, il y en a d'autres, heureusement, qui proclament que la fortune n'est pas tout ; qu'il est pour l'homme d'autres bonheurs, d'autres jouissances, d'autres espoirs !

Nous sommes heureux et fiers d'inscrire au premier rang de ces derniers, un enfant d'Ajaccio, duquel nous avons entendu, hier, bien involontairement, raconter les traits suivants, par un vieux soldat du premier empire à un de ses amis :

« J'ai connu à Ajaccio, il y a de cela plus d'un hiver, un jeune homme que rien ne distinguait des autres si ce n'est une volonté ferme dans ses résolutions et un amour opiniâtre pour le travail. Il appartenait à une famille de ces humbles fonctionnaires, dont on dit beaucoup de mal parce qu'ils font beaucoup de bien, et dont les appointements inférieurs souvent au salaire de l'ouvrier, ne suffisent pas au pain de chaque jour. Peut-être avait-il souffert dans son enfance de ces privations que s'imposent ceux qui sont obligés de mentir à leur vie pour garder les apparences ; peut-être aussi avait-il voulu devenir riche comme on devient avocat ou charpentier ; c'est une idée fixe qui en vaut bien une autre, n'est-ce pas ?

« Il quitta Ajaccio qui n'offrait aucun aliment à sa fiévreuse activité, et, après bien des fatigues, bien des déceptions, bien des essais à travers l'inconnu, il se fixa à Marseille. Il avait marché devant lui à la rencontre de la richesse, par des voies honnêtes, sans dévier d'une ligne du droit chemin ou rompre d'une semelle, et la fortune, qui n'est pas si capricieuse que veulent bien le chanter les poètes, fit la moitié du chemin et se laissa choir dans sa caisse. Un autre se serait contenté d'une si heureuse aubaine, et aurait fermé à double tour la porte du coffre-fort ; mais il n'était pas encore arrivé à son but.

« Bordeaux et Nantes avaient à cette époque presque le monopole d'une certaine branche de commerce. Il créa à Marseille une immense fabrique, une des plus considérables de France, et que l'Empereur a daigné visiter, honorant ainsi l'industrie française et l'homme qui contribue à la prospérité du pays. Ses vaisseaux parcourent les mers et lui rapportent les matières premières qu'il revend ensuite à l'Europe transformées et purifiées.

« Il est riche, très-riche même. Eh bien ! voici l'emploi qu'il fait de son or :

« Ce qu'il sème d'aumônes à Marseille, je ne vous le dirai pas, car je n'aime point à parler des choses que j'ignore ; je vais, pour Ajaccio, soulever un coin du voile.

« Il apprend que les revenus de l'hôpital civil ne répondent pas aux besoins des malades, et il se hâte d'envoyer les titres d'une rente considérable. Les bâtiments qui n'étaient pas achevés, sont terminés par le même moyen, et les malheureux ont aujourd'hui un refuge assuré.

« Un matin, c'était chez lui fête de famille, il songe que plus d'une mère pleurera son fils tombé sous la loi du sort militaire. Il écrit au banquier de ses bonnes œuvres, et, depuis, chaque année, un certain nombre de jeunes soldats ne sont pas arrachés au foyer maternel. Que de vieillards, chaudement vêtus, ne craignent plus, au coin d'un feu pétillant, ni cherté des vivres, ni les rigueurs de l'hiver ! Que de familles ruinées par des revers immérités ne s'aperçoivent pas des horreurs de la misère ! Que de petits marchands s'approvisionnent à Marseille, sous la seule caution de leur honnêteté ! A la dernière procession, n'avez-vous pas admiré une bannière frangée d'or dont les magnifiques broderies chatoyaient au soleil ? Il l'a donnée aux marins d'Ajaccio afin de leur rappeler qu'il ne les oublie point, et que, pour leur assurer du travail, il a pris une large part dans le futur chantier de constructions navales.

— Mais vous me parlez de M. Grandval, armateur, le grand raffineur de Marseille ! Tout le monde ici connaît son histoire et ses bienfaits.

Si la modestie s'offense de ce récit, car elle n'a pas l'habitude de prendre des confidents pour ses bonnes actions, je vous prends à témoins, lecteurs, que ce n'est pas nous qui l'avons nommé, et quant à savoir qui nous sommes, nous nous appelons

La Rédaction.

Note D.

—

COMMISSION ADMINISTRATIVE DE L'HOSPICE D'AJACCIO.

(Séance du 28 mars 1864.)

La Commission administrative de l'hospice Eugénie d'Ajaccio, s'étant réunie en séance extraordinaire dans une des salles de l'établissement, sur la convocation de M. Braccini, maire, président ;

Lecture est donnée par le président d'une lettre de M. Joseph Grandval, commerçant à Marseille, qui annonce l'envoi de plusieurs tissus et d'une quantité d'huile et de sucre pour les malades de l'hospice, objet de sa sollicitude.

M. le maire ajoute que les objets susmentionnés, arrivés par le bateau de samedi, 26 mars, ont été immédiatement transportés à l'hospice.

La Commission s'est alors transportée dans la pièce servant de lingerie, où elle a constaté le dépôt de :

1º 600 mètres toile en fil destinés à confectionner 30 paires de draps de lit.

2º 600 mètres toile en fil pour servir à confectionner des chemises d'hommes et de femmes.

3º 115 mètres toile pour confectionner 12 douzaines de torchons.

4º 12 douzaines de serviettes (tissu enfil).

5º 100 mètres toile bleue pour tabliers d'hommes.

6º 50 id. id. pour tabliers de femmes.

7º 113 id. cretonne blanche pour tabliers de cuisine.

8º 100 id. ménagère pour chemises d'infirmiers.

9º 125 id. coton croisé petites raies rouges pour camisoles.

10º 78 id. coton croisé grands carrés rouges pour taies d'oreillers.

11º 26 id. madapolam pour doublure des camisoles.

12º 100 bonnets en coton blanc.

13º 100 gilets de tricot.

Passant ensuite dans la pièce servant de dépense, la Commission a constaté l'existence de :

1° Une bordelaise contenant 300 litres huile d'olive surfine.

2° Une balle contenant 40 pains de sucre raffiné pesant ensemble 200 kil.

L'entrée des objets ci-dessus, a été portée sur le registre journal ainsi que sur le grand-livre des comptes de l'économe.

Profondément émue des libéralités que M. Grandval ne cesse de faire à l'hospice qu'elle administre, la Commission prie M. le maire d'être son interprète auprès de ce généreux bienfaiteur, pour lui témoigner tant au nom de l'administration hospitalière d'Ajaccio qu'à celui des malades confiés à ses soins, l'expression la mieux sentie de leur plus vive reconnaissance, et décide que la présente délibération sera transcrite sur le registre des dons et legs faits par des bienfaiteurs à l'hospice Eugénie d'Ajaccio, et ce pour transmettre à la postérité le souvenir des nombreux bienfaits que M. Grandval a prodigués à sa ville natale.

Fait et délibéré à Ajaccio, aujourd'hui, vingt-huit mars 1864.

Pour la Commission administrative :

Le Maire président,

Braccini.

Note E.

—

Conseil municipal d'Ajaccio.

(Séance extraordinaire du 27 avril 1865.)

Le Conseil, sur la proposition de M. le Président :

Attendu que M. Grandval vient de faire donation à l'hospice d'Ajaccio de la somme de 335,000 francs destinée à protéger contre la misère la vieillesse d'honnêtes et laborieux concitoyens ;

Attendu qu'il appartient au Conseil d'exprimer dans cette circonstance les sentiments de la population ajaccienne ;

Qu'en perpétuant ses bienfaits en faveur de l'hospice, M. Grandval a ajouté encore à la gratitude et à la vénération dont il est l'objet parmi nous ;

Attendu que, s'il est vrai que M. Grandval ne désire d'autre gloire que celle d'avoir soulagé la misère, d'avoir fait de sa fortune l'usage le plus noble, il est aussi vrai que le devoir de la ville d'Ajaccio sera un jour de ne pas laisser tant de bienfaits sans un grand témoignage de reconnaissance ;

Par ces motifs, et en attendant cette manifestation de la reconnaissance publique, prie M. le Maire de se rendre auprès de M. Grandval, au nom du Conseil, l'interprète du sentiment général.

Pour le Conseil :

Le Maire président,

BRACCINI.

Note F.

—

ETAT des Donations successives faites par J. Grandval en faveur de l'hospice civil d'Ajaccio.

ANNÉES.	NATURE DES DONATIONS.	VALEUR DES DONATIONS.	OBSERVATIONS.
1859	Don manuel.	17.669^f 86^c	
1860	Id.	10.000 »	
1861	Id.	10.000 »	
1862	Id.	10.000 »	
1863	Id.	10.000 »	
1864	Id.	10.000 »	
1864	Id.	3.960 60	En nature (huile, sucre, tissus etc.)
1865	Aumônes.	4.861 80	
1865	Donation.	333.000 »	En 666 actions du chemin de fer de Paris à la Méditerrannée.
	Total.....	409.492^f 26	Tous ces dons sont parvenus à l'hospice par l'intermédiaire du Capitaine Campi.

CERTIFIÉ par nous économe, le présent état s'élevant à la somme de *quatre cent neuf mille, quatre cent quatre-vingt douze francs, vingt-six centimes.*

Ajaccio, le 13 août 1878.

BÉNARD.

Note G.

DISCOURS PRONONCÉ PAR M. LE MAIRE PERALDI,
A L'OCCASION DE L'INAUGURATION DU MONUMENT GRANDVAL.

Le peu d'éclat de cette fête de la reconnaissance répond à la modestie de celui dont nous consacrons aujourd'hui le souvenir.

Pour honorer les hommes bienfaisants, les cérémonies pompeuses ne
sont point nécessaires

C'est pour nous conformer à l'usage, que nous incrustons dans les
murs de cet édifice une plaque commémorative ; il est quelque chose
de plus durable que le marbre et où les bienfaits se gravent en carac-
tères indélébiles : c'est le cœur d'un Ajaccien.

Le nom de Joseph Grandval y vivra éternellement, associé à celui
de l'illustre cardinal Fesch, car tous deux, dans des sphères différen-
tes, celui-ci sur les marches du trône et dans la pourpre romaine,
celui-là dans la poussière de l'usine, ont aimé du même amour leur
pays natal.

La vie de Joseph Grandval offre l'exemple le plus frappant de ce
que peut le travail joint à l'intelligence.

Jeune encore, il quitta Ajaccio, sa patrie, pour aller demander à
Marseille un plus large emploi de ses facultés.

Les grandes villes sont mortelles à tout ce qui est faible et mal
venu : mais, pour les tempéraments bien trempés, c'est toujours le
chemin de l'aisance et souvent de la fortune.

Joseph Grandval ne tarda pas, grâce à une prodigieuse activité
servie par un esprit lucide, à conquérir un rang élevé dans le monde
de l'industrie.

On dit que les luttes incessantes qu'on est obligé de soutenir pour
se faire une place au soleil, dessèchent et endurcissent le cœur, et
que la prospérité aveugle. Il n'en fut pas ainsi de notre regretté
bienfaiteur. Dans le tourbillon des affaires, il garda sa bonté native ;
et, quand la richesse vint couronner ses efforts persévérants, il se
souvint des malheureux qu'il avait laissés dans son île bien-aimée.

L'hospice d'Ajaccio, à peu près sans ressources malgré quelques
dons particuliers qu'il serait injuste de ne pas rappeler ici, dut à sa
munificence de pouvoir s'agrandir et s'améliorer. Trois cent mille
francs furent versés dans le tronc des malades ! Ce chiffre se passe de
commentaires.

Vous dirai-je maintenant les infortunes sans nombre qu'il a secou-
rues en dehors de cet asile? Seul pourrait les énumérer son confident.
J'ai nommé le capitaine Campi, que son grand âge empêche d'assister
à cette cérémonie, mais qui est de cœur parmi nous. Lui, qui avait
partagé les jeux de l'enfant et prodigué les encouragements au tra-
vailleur, il aida l'homme opulent à faire le bien. C'est pour moi un
devoir bien doux de le féliciter publiquement d'avoir été le puissant
intercesseur des pauvres auprès de son riche ami.

Un jour, jour de deuil public, la main charitable qui donnait sans
compter se ferma, la ville d'Ajaccio en pleurs apprenait que Joseph
Grandval était entré dans l'immortalité promise aux miséricordieux.

Note H.

—

DISCOURS PRONONCÉ PAR M. LE CURÉ PIETRI,

A L'OCCASION DE L'INAUGURATION DU MONUMENT GRANDVAL.

Il fù Signor Giuseppe Grandval, di cui inauguriamo quest'oggi
l'effigie, da cristiano divino culto iufiammato, si dedicò ad'aver pensiero ed a procacciare alleviamento ai necessitosi infermi di questo
spedale. Si è all'amplitudine dei soccorsi da lui prestati, che si è
stabilita un'opera così santa. Appena sonò la voce di chi diede all'opera
i primi suscitamenti, appena fù udito il patetico invito di muoversi al
soccorso degli infermi, ch'egli subito vi contribuì di larghi, e perenni
sovvenimenti. Si: fù grande la sua pietà, la quale sorgerà sempre
memorabile alla vista del suo ritratto appeso a questé mura.

Ora considerando quest'opera, riguardo agli infermi, pei quali è
stata instituita, è un opera di larga beneficenza. Essa provvede le loro
indigenze e quelle delle loro anime, e quelle dei loro corpi. Grandi
sono, parlando dell'Ordinario, le spirituali miserie di questi infermi,

e il guasto compassionevole delle loro anime, nati essendo alcuni in contrade, ove per avventura non hanno avuto grand'agio di ben formarsi nello spirito del cristianesimo, cresciuti nell'ignoranza, e nell'abbiezione, ingannati poi dal demonio, e quindi vissuti nel libero satollamento d'ogni lor passione. A siffatte ruine, e spirituali desolazioni questo sacro instituto di carità pone sempre rimedio, e sono sacerdoti, e religiose, che ognuno, giusta il loro carattere, gli esercizij di questa impresa si dipartono.

Quanto alle indigenze dei corpi, ad esse riparasi co quella larghezza maggiore che può cadere in questi infermi.

Piove sù questi meschini, come sulla nazion giudaica nel deserto, una manna che gli disfama. E questa su di loro si fà discendere, non già qualche rado mattino, come nel deserto, ma piu volte cade, e cade bastevole e a diversi nudrimenti, e sapori accomodata. Dotti e zelanti medici si procacciano di guarire le loro infermità con istudio e frequenza.

Questo e ciò, ô Ajaccio piissima, e per solenni opere e di carità a Dio cara in gran modo, questo è ciò che a render compiuta la tua misericordia ad ogni fatta di miserabili, sembrava ancor sopra vanzare. Già ad altro genere di necessitosi, ed afflitti noi veggiam palesamente che apri le tue viscere, ed appresti loro larghi sovvenimenti ad onorate famiglie in poverta dicadute, e vergognose del mendicare ; sovvenimenti a vecchi impotenti al lavoro, a bambinelli esposti, a femmine cadute in fallo, a vedove, a peregrini, a mendici.

Per le quali opere di carità chi potrebbe abbastanza commendare, o ridire. L'alto effaccendamento e pensiero esser per questo più riguardati ordini dei tuoi cittadini a sostenere le presidenze, le amministrazioni, i protettori, i maneggi che dal reggimento di queste pubbliche opere di carità non ponno andare disgiunti ? In una si copiosa affluenza di liberali soccorsi, io dico ch'è grande la tua pietà, ma come grande ch'ella sia al largo tuo animo, non dimeno un più amplo sovvenimento si conveniva ai poveri infermi, detenuti in questo ospizio. A questa amplitudine di soccorsi sei pervenuta, mercè la liberalità del Governo, del Consiglio municipale, del fù summentovato signor Giuseppe Grandval, e di altri zelanti benefattori.

A voi adesso il mio parlare si volge, a voi che di questa beneficenza siete in tanta parte gli operatori, venerandi sacerdoti, religiose, medici, riveriti membri della Commissione, e dico che quest'opera, riguardo a voi, è un'opera di moltiplice santità, non potendo tanta vostra beneficenza andar disgiunta da un grave corredo di virtuose pratiche e santissime vostre operazioni. E in primo non è altro che santità ciò, che invitar vi posso e fare deliberare a prender ruolo in questo instituto. Qui non si tratta d'una società terrenemente gloriosa, la qual possa i vostri animi lusingare o con impieghi, o con preminenze vistose, che possiate ottenere. Voi ben vedete al principio che qui tutto è squallido, fatichevole, desolato, e stentante, nè c'è altra retribuzione che quella spirituale, e invisibile, che vien da Dio. Così entrati che siete nel servizio di questo spedale, vi conviene i privati vostri interessi, e le domestiche cure sacrificar più volte al sovvenimento degli infermi.

Le maggiori santità vostre, e le più eccellenti virtù sono poi seppellite nel buio di questo ospizio, dove voi nel secreto le praticate; ma io debbo questa volta disseppelirle, e per amore di verità chiamarle a luce — Su dunque apriti, o spedale, al mio squardo, schiudetevi porte, e cancelli. Dio onnipotente che vista! Veggo infermi, da malattie consunti, da tristezze gravissime divorati, arsi da febbri e da dolori strazziati. Ma deh spettacolo prodigioso! In mezzo a tanta calamità, io veggo un vero trionfo d'ineffabili celesti virtù — Veggo medici, uomini caritatevoli aggirarsi serenamente tra quegli alberghi ed entrare ed uscire, e affratellarsi coi poveri infermi; nè gli ributta il grave olente alito, che pur loro affoca il respiro, e pone a disconvolta le viscere. Veggo per altra parte un umilissimo sacerdote, posto accanto del malato, per udirne la confessione. Veggo poi in altri canti e suore, e cuochi, e famigli che si affaccendano quali in iscopar abituri, quali in apprestar vivande, ed altri al letticello ne acconcian lo strame, su cui coricargli. Oh carità, oh cuori degni del cuore di Gesù Cristo! Per le quali cose ti allegra pure di questo instituto o Ajaccio celebratissima, t'allegra di questa benedizione, chè piaciuto all'Altissimo di suscitare entro delle tue mura, e t'apparecchia a spandere sugli infermi dell'usata tua carità. Egli è Gesù Cristo, che nella persona dei suoi fratelli sta prigioniero, ed infermo in questo spedale. Ti guarda, ti aspetta, t'invita a soccorrerlo, ed emmi sembrato che internamente inspirandomi, mi dicesse che quando presentato mi fossi a questo illustre uditorio, non mi dimenticassi di lui, *memento mei*, la sua profonda miseria vivamente esponessi, e per lui perorassi, *memento mei.*

Oh mio Gesù, sarò io fortunato abbastanza d'aver compiuto le vostre brame! O cittadini cortesi, o grandi del popolo, sovverrete voi all'infermo Signore, che si moltiplica, e si trasforma in quanti poverelli, che sono nel mondo e sotto le lor sembiouze da voi quello riceve, che voi consegnate alle mani del povero *Quamdiu fecistis uni ex suis fratribus meis minimis mihi fecistis.* Si: il cuor me lo dice che il sovverrete e presterete appoggio a questo spedale ch'è tutto al suo alleviamente dedicato, ben sapendo voi che ciò, che si da al povero, dice lo Spirito Santo, non è altro che darlo a Dio, che a mille doppi lo rende, e moltiplica. *Jœneratur Domino qui miseretur pauperis.* Si: il cuor mi dice che avrete un cuor sensibile, generoso coll'esempio del fù Sign. Giuseppe Graudval, di cui è scolto in voi la grande idea, e non si dice Grandval che non intendiate un modello, uno specchio, un lume della più grande pietà — Parlino i poveri, che gli esponevano le loro necessità, i morbi che li struggevano, dicano se ha mai chiuse ai loro pianti le orecchie, o non anzi aperte alle loro indigenze le mani.

Ah che tutti parlano, tutti rispondono, tutti riempiono il Cielo di ringraziamenti, e benedizioni. In riconnoscenza di tanta sua liberalità sieno questi i voti, che sequiteremo a porgere al Cielo — voti per Lui che la speranza di nostra fede ci fa riguardare al sen tornato del Creatore; voti per l'onorata sua famiglia, che sia la paterna memoria il caro stimolo di sue virtù, e ne colga copiosissimi frutti.

Invochiamo altresi le superne benedizioni per tutti gli altri benefattori, i cui gloriosi nomi sono scolpiti ad eterna memoria sulle lapide di questo spedale, e cosi sia.

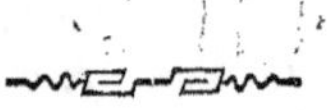